Impressum
Verlag: BABADADA GmbH, Nedderfeld 112 , 22529 Hamburg
Geschäftsführer / Verlagsleitung: Harald Hof
Druck: Books on Demand GmbH, In de Tarpen 42, 22848 Norderstedt

Imprint
Publisher: BABADADA GmbH, Nedderfeld 112 , 22529 Hamburg, Germany
Managing Director / Publishing direction: Harald Hof
Print: Books on Demand GmbH, In de Tarpen 42, 22848 Norderstedt, Germany

школа

sekolo

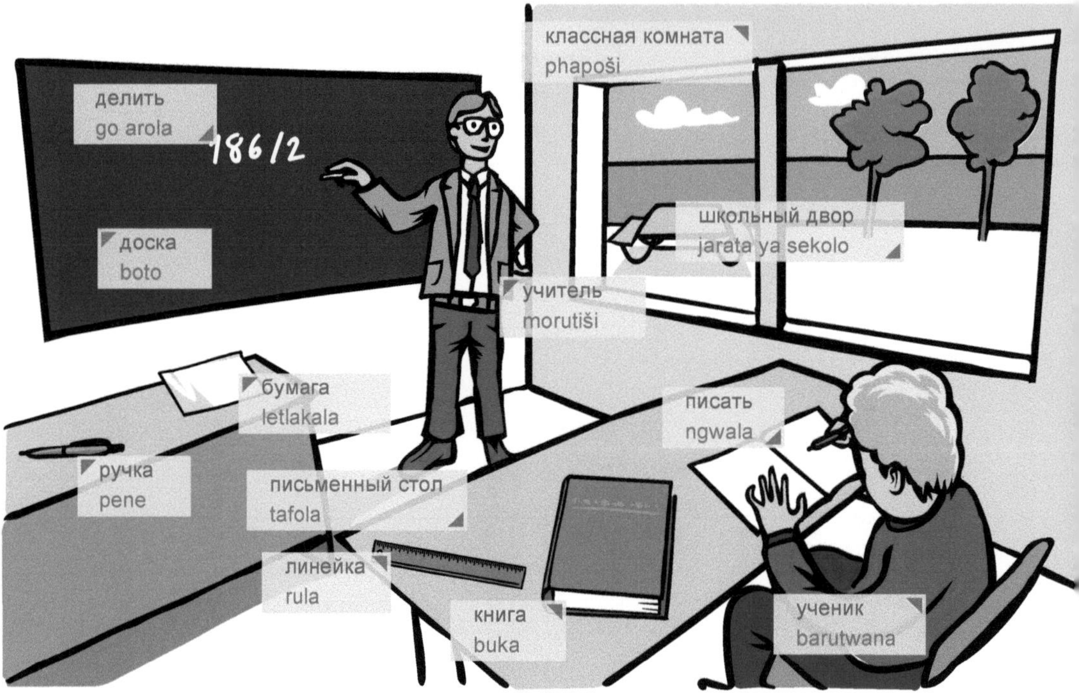

классная комната
phapoši
делить
go arola
186/2
доска
boto
школьный двор
jarata ya sekolo
учитель
morutiši
бумага
letlakala
писать
ngwala
ручка
pene
письменный стол
tafola
линейка
rula
книга
buka
ученик
barutwana

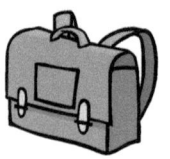

ранец
peke

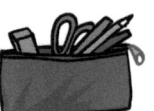

пенал
kheise ya phensele

карандаш
phensele

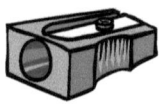

точилка
motšhene wa go betla phensele

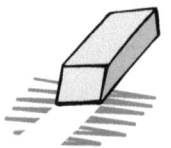

ластик
rabhara

альбом для рисования
phede ya ho thala

рисунок

go thala

кисточка

borashe ya go penta

коробка красок

lepokisi la go penta

ножницы

sekero

клей

sekgomaretši

тетрадь

puku ya go ngwala

домашняя работа

mošomo wa gae

цифра

nomoro

прибавлять

tlatša

вычитать

go ntšha

умножать

go atiša

считать

khalekhuleitha

буква

lengwalo

алфавит

alefapete

слово

lentšu

текст

mongolo

читать

bala

мел

tšhoko

урок

thuto

классный журнал

puku ya maina

экзамен

thuto

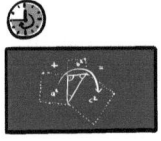

диплом

setifikeite

школьная форма

diaparo tša sekolo

образование

thuto

энциклопедия

encyclopedia

университет

yunibesithi

микроскоп

maekrosekoupo

карта

mmapa

корзина для бумаг

pasekete ya matlakala a ditšhila

путешествие

eta

гостиница
hotele
Grand
турбаза
hosetele
ROOMS
пункт обмена валюты
lefelo la go fetola tšhelete
CHANGE
чемодан
sutukheise
автомобиль
koloi

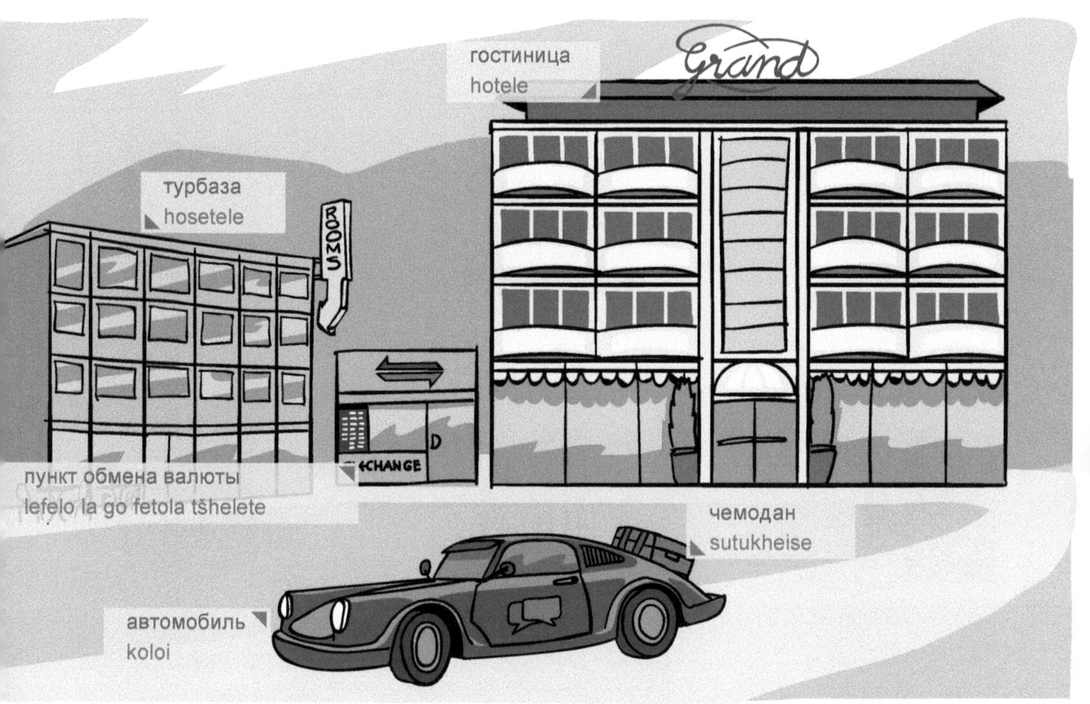

язык
Leleme

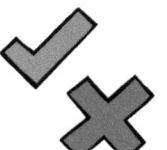

да / нет
ee / aowa

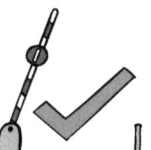

хорошо
Go lokile

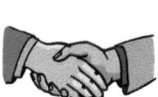

Привет
Dumela

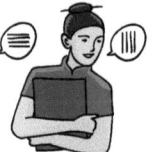

переводчик
mofetoledi

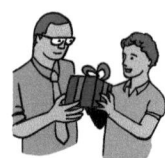

Спасибо
Re a leboga

Сколько стоит…?

… ke bokae?

Я не понимаю

ga ke kwešiše

проблема

bothata

Добрый вечер!

Thobela!

Доброе утро!

Meso e mebotse!

Доброй ночи!

Robala botse!

До свидания

šala gabotse

направление

keletšo ya tsela

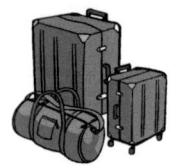

багаж

peke

сумка

peke

рюкзак

mokotla wa dipuku

гость

moeng

комната

phapoši

спальный мешок

pekana ya go robala

палатка

mokhukhu

туристическая информация
boitsebišo bja moeti

пляж
lewatleng

кредитная карточка
karata ya mokitlana

завтрак
dijo tša mesong

обед
matena

ужин
dijo tša mantšiboa

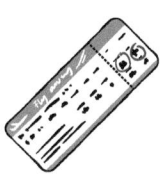

билет
thikethe

лифт
lifithi

почтовая марка
setempe

граница
border

таможня
setlwaedi

посольство
embassy

виза
visa

паспорт
phasepoto

транспорт

senamelwa

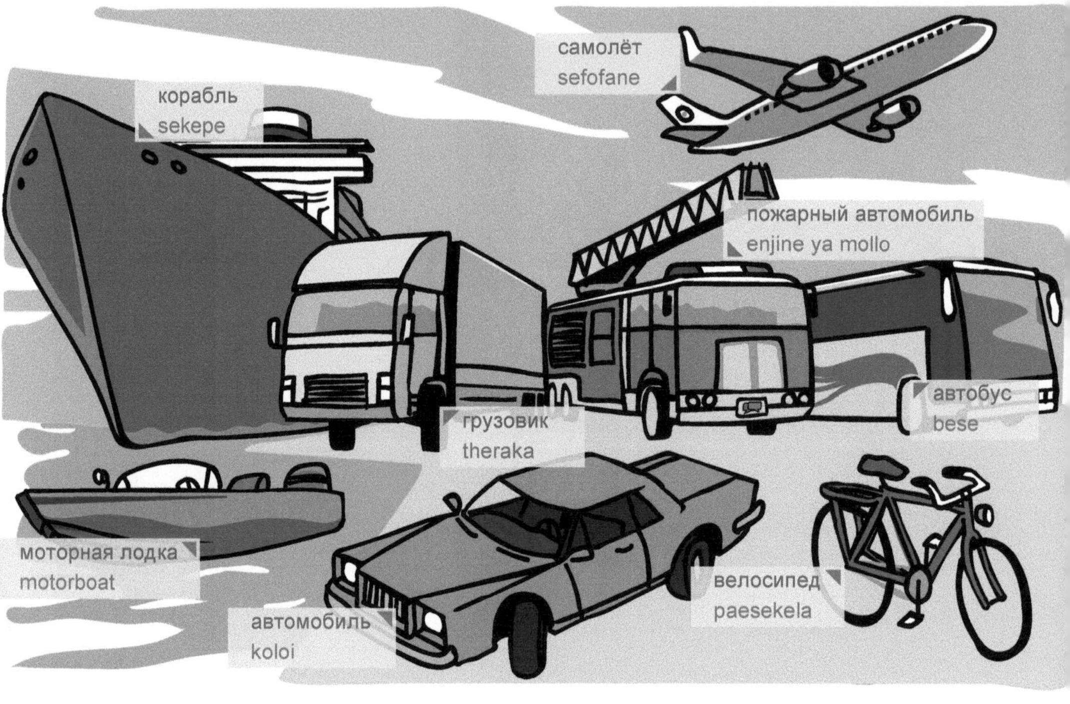
самолёт
sefofane
корабль
sekepe
пожарный автомобиль
enjine ya mollo
автобус
bese
грузовик
theraka
моторная лодка
motorboat
велосипед
paesekela
автомобиль
koloi

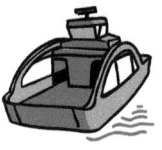

паром

feri

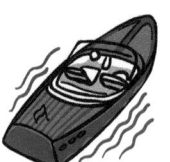

лодка

sekepe

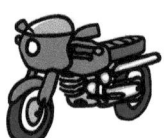

мотоцикл

sethuthuthu

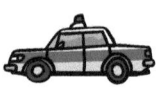

полицейский автомобиль

koloi ya maphodisa

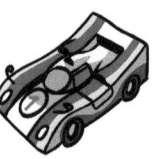

гоночный автомобиль

koloi ya go šiašiana

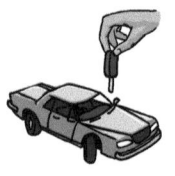

арендованный автомобиль

koloi ya go rentišwa

совместное пользование
автомобилями

go arogana koloi

буксировочный
автомобиль
theraka ya go goga

мусоровоз

theraka ya ditlakala

двигатель

mmotho

топливо

makhura

заправка

seteišene sa makhura

дорожный знак

leswao la therafiki

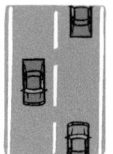

движение

therafiki

пробка

therafiki

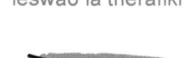

автостоянка

lefelo la go phaka dikoloi

вокзал

seteišene sa terene

рельсы

tsela

поезд

terene

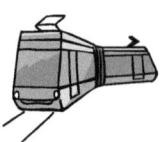

трамвай

theramo

вагон

koloi

вертолёт

sefofane

аэропорт

boemafofane

вышка

serokami

пассажир

monamedi

контейнер

seswari

коробка

lepokisana

тележка

khathe

корзина

basket

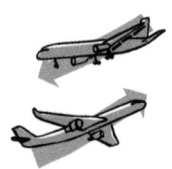

взлетать / приземляться

go tloga / go kwatama

город

toropo

деревня

motse

центр города

bogareng bja toropo

дом

ntlo

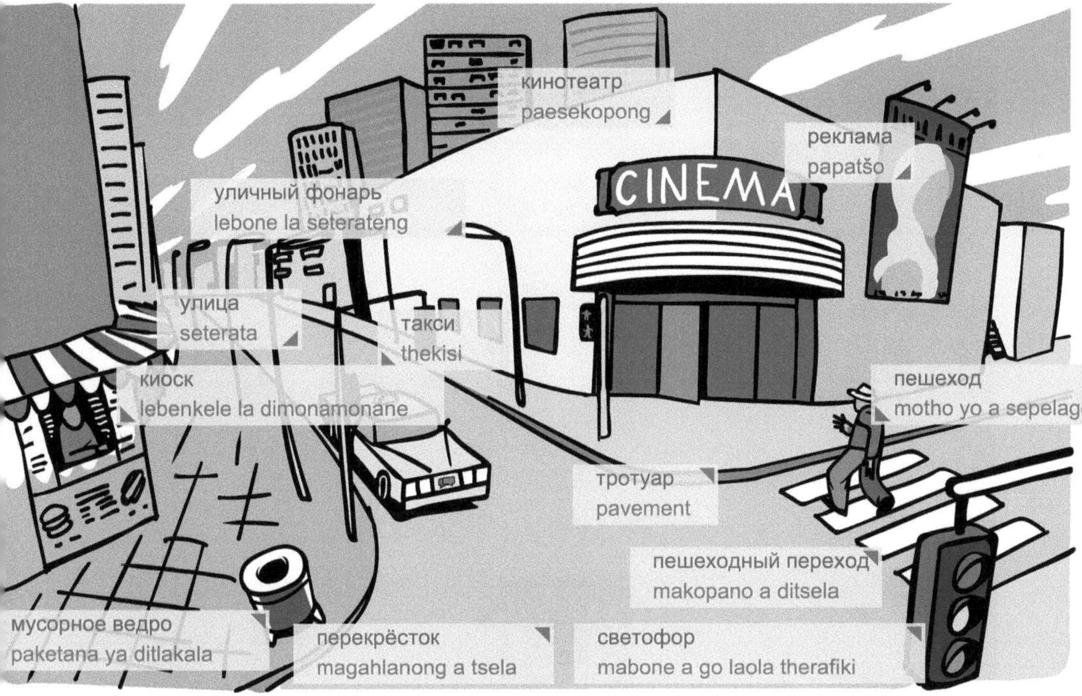
кинотеатр
paesekopong
реклама
papatšo
CINEMA
уличный фонарь
lebone la seterateng
улица
seterata
такси
thekisi
киоск
lebenkele la dimonamonane
пешеход
motho yo a sepelag
тротуар
pavement
пешеходный переход
makopano a ditsela
мусорное ведро
paketana ya ditlakala
перекрёсток
magahlanong a tsela
светофор
mabone a go laola therafiki

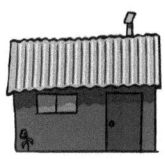

хижина

mokutwana

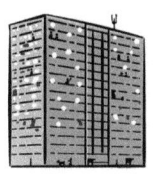

квартира

folete

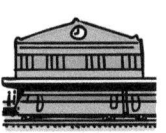

вокзал

seteišene sa terene

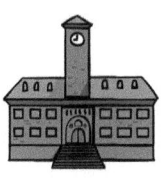

ратуша

holo ya toropong

MUSEUM

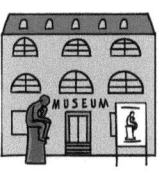

музей

museamo

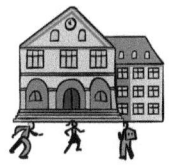

школа

sekolo

университет

yunibesithi

банк

panka

больница

sepetlele

гостиница

hotele

аптека

lebenkele la dihlare

офис

ofisi

книжный магазин

lebenkele la dipuku

магазин

lebenkele la dijo

цветочный магазин

lebenkele la matšoba

супермаркет

lebenkele la dihlare

рынок

mmakete

универмаг

lebenkele la dilo tše dintši

торговец рыбой

fishmonger's

торговый центр

lefelo la mabenkele

порт

boemakepe

парк

phaka

скамейка

bench

мост

leporogo

лестница

ditepisi

метро

ka tlase

тоннель

thanele

автобусная остановка

boemela pese

бар

bar

ресторан

lebenkele la dijo

почтовый ящик

lepokisi la poso

**табличка с названием
улицы**

leswao la seterata

паркометр

mithara wa go phaka koloi

зоопарк

zuu

бассейн

letamo la go rutha

мечеть

lefelo la mamoseleme

ферма

polasa

загрязнение окружающей среды

tšhilafalo

кладбище

mabitla

церковь

kereke

детская площадка

lefelo la go bapala

храм

tempele

ландшафт

lefelo la dithaba

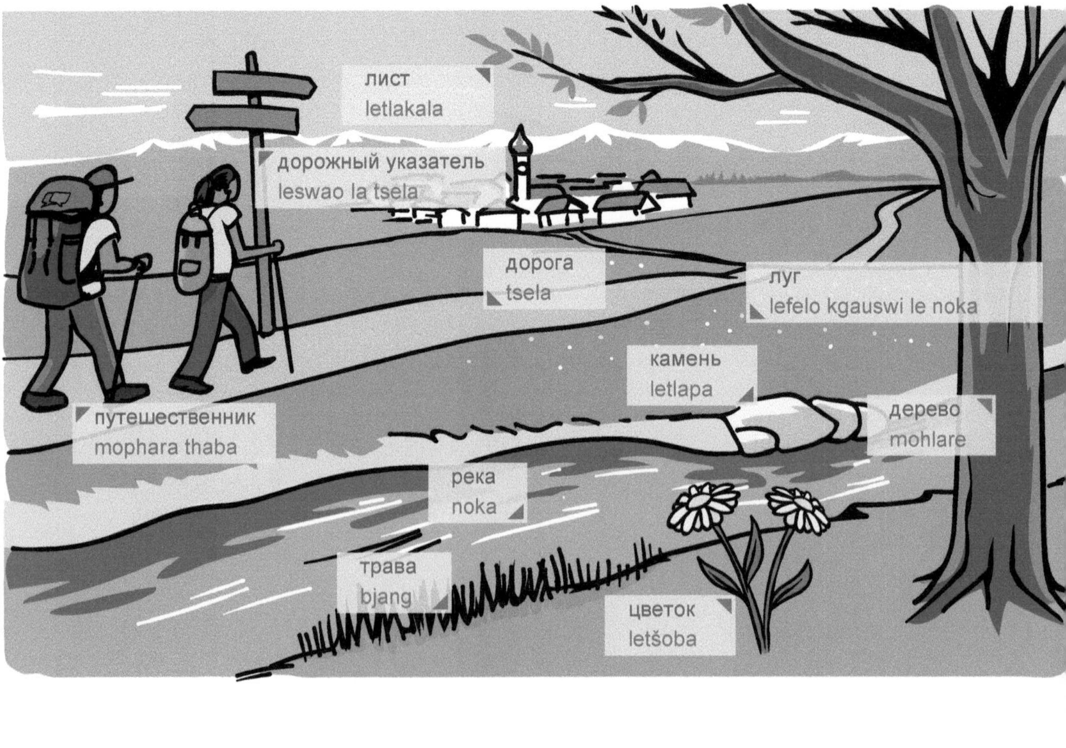

лист
letlakala

дорожный указатель
leswao la tsela

дорога
tsela

луг
lefelo kgauswi le noka

камень
letlapa

дерево
mohlare

путешественник
mophara thaba

река
noka

трава
bjang

цветок
letšoba

долина

tsela

гора

thaba

озеро

letangwana la meetsi

лес

sethokgwa

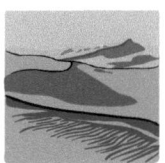

пустыня

leganata

вулкан

thabamollo

замок

ntlo e kgolo

радуга

molalatladi

гриб

mushroom

пальма

palm tree

комар

monang

муха

fofa

муравей

ditšhošwane

пчела

nosi

паук

segokgo

жук

khunkhwane

лягушка

segwagwa

белка

squirrel

еж

noko

заяц

mmutla

сова

leribiši

птица

nonyana

лебедь

mogolodi

кабан

kolobe ya naga

олень

phuthi

лось

phuthi

плотина

letamo

ветряной генератор

wind turbine

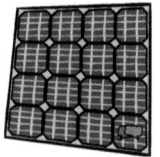

солнечная батарея

phanele ya solar

климат

leratadima

ресторан

lebenkele la dijo

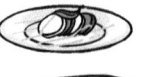

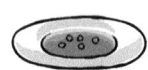

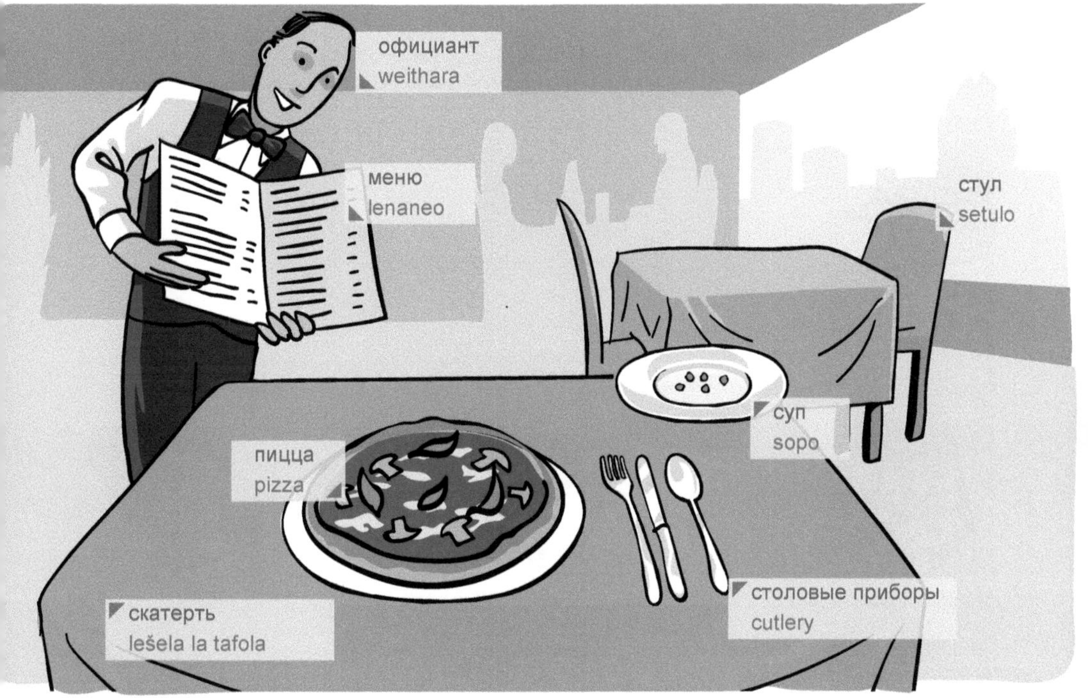
официант
weithara
меню
lenaneo
стул
setulo
суп
sopo
пицца
pizza
скатерть
lešela la tafola
столовые приборы
cutlery

закуска

dijo tša mathomo

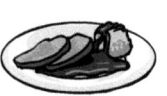

главное блюдо

dijo

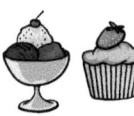

десерт

dimonamonane

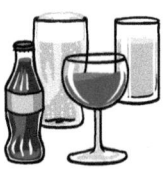

напитки

dino

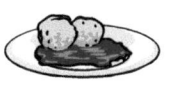

еда

dijo

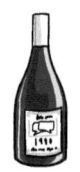

бутылка

lepotlelo la ngwana

фастфуд

fastfood

уличная еда

dijo tša seterateng

чайник

ketlele ya tea

сахарница

poleitana swikiri

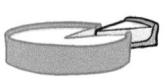

порция

karolo

кофеварка

motšhene wa espresso

детский стульчик

setulo sa godimo

счет

tefo

поднос

therei

нож

thipa

вилка

foroko

ложка

lelepola

чайная ложка

lelepola

салфетка

lešela la go iphomola

стакан

galase

ресторан - lebenkele la dijo

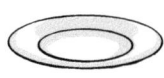

тарелка

poleite

суповая тарелка

poleite ya sopo

блюдце

sosara

соус

moroto

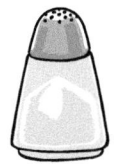

солонка

poto ya letswai

мельница для перца

sešila phepha

уксус

vinegar

масло

makhura

специи

sepaese

кетчуп

tamatisoso

горчица

masetete

майонез

mayonnaise

супермаркет

lebenkele la dihlare

специальное предложение
dithekišo tša tlase
FOR
покупатель
moreki
молочные продукты
dijo tša go ba le maswi
фрукты
dikenywa
тележка для покупок
teroli

BUTCHERS

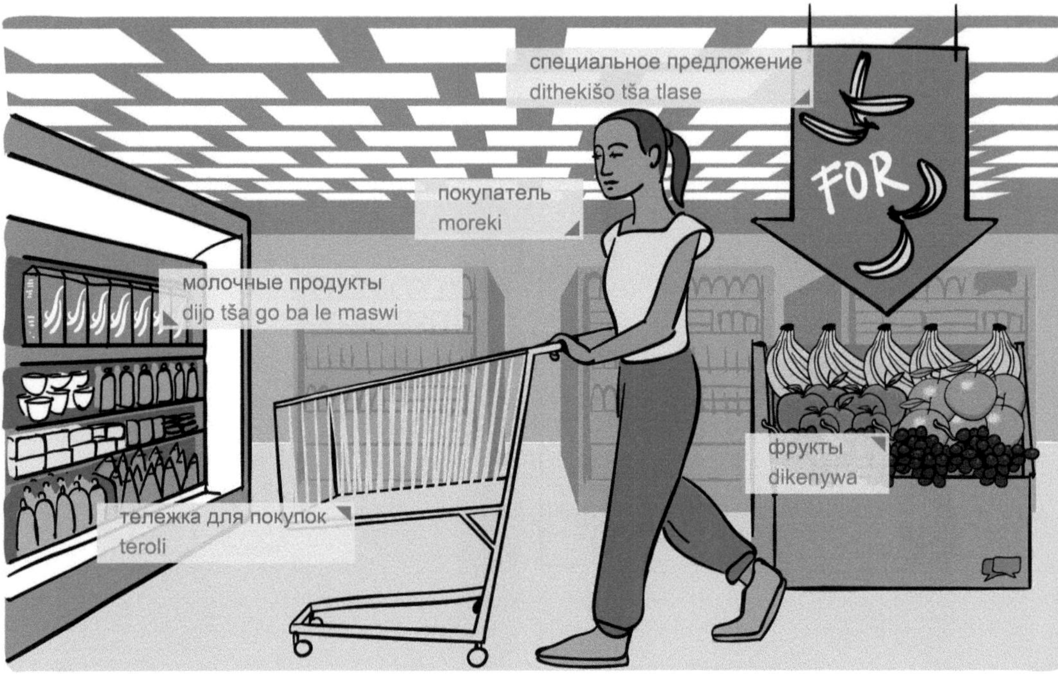

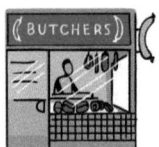

мясной магазин

selaga

BAKERY

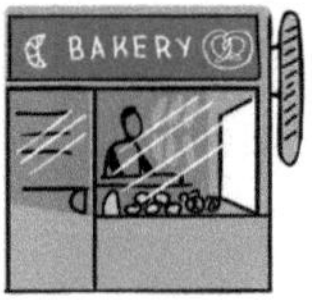

пекарня

moapei wa dikuku

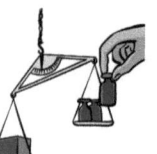

взвешивать

kala

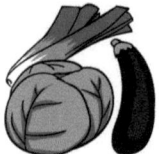

овощи

merogo

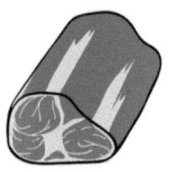

мясо

nama

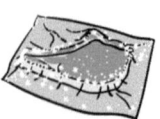

быстрозамороженные продукты

dijo tše gahlišitšwego

нарезка

nama ya go tonya

консервы

tinned food

стиральный порошок

sešepi sa go hlatswa

сладости

dimonamonane

предмет домашнего обихода

dilo tša ka ntlong

моющее средство

didirišwa tša go hlwekiša

продавщица

morekiši

касса

till

кассир

morekiši

список покупок

lenaneo la tše rekišwago

время работы

diiri tša go bula

бумажник

sepatšhe

кредитная карточка

karata ya mokitlana

сумка

peke

полиэтиленовый пакет

peke ya polasetiki

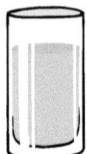

вода

meetsi

сок

Juice

молоко

maswi

кока-кола

coke

вино

beine

пиво

bhiri

алкоголь

bjala

какао

cocoa

чай

tea

кофе

kofi

эспрессо

espresso

капучино

cappuccino

банан

banana

яблоко

apola

апельсин

namome

арбуз

melon

лимон

namone

морковь

carrot

чеснок

garlic

бамбук

bamboo

лук

keiye

гриб

mushroom

орехи

ditokomane

лапша

noodles

спагетти

spaghetti

рис

raese

салат

salate

картофель фри

ditšhipisi

жареный картофель

matapola a gadikilwego

пицца

pizza

гамбургер

hambeka

сэндвич

sandwich

шницель

cutlet

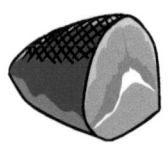

ветчина

ham

салями

salami

колбаса

sausage

курица

kgogo

жаркое

gadika

рыба

hlaphi

овсяные хлопья

bogobe bja oats

мюсли

muesli

кукурузные хлопья

cornflakes

мука

folouro

круассан

croissant

булочка

dipanse

хлеб

borotho

тост

toaster

печенье

dipisikiti

масло

botoro

творог

curd

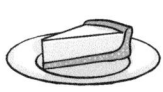

пирог

kuku

яйцо

lee

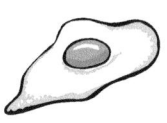

яичница

lee le gadikilwego

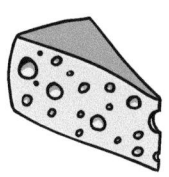

сыр

tshese

мороженое

ice cream

сахар

swikiri

мёд

todi ya dinosi

мармелад

jeme

крем с нугой

chocolate spread

карри

curry

ферма
polasa

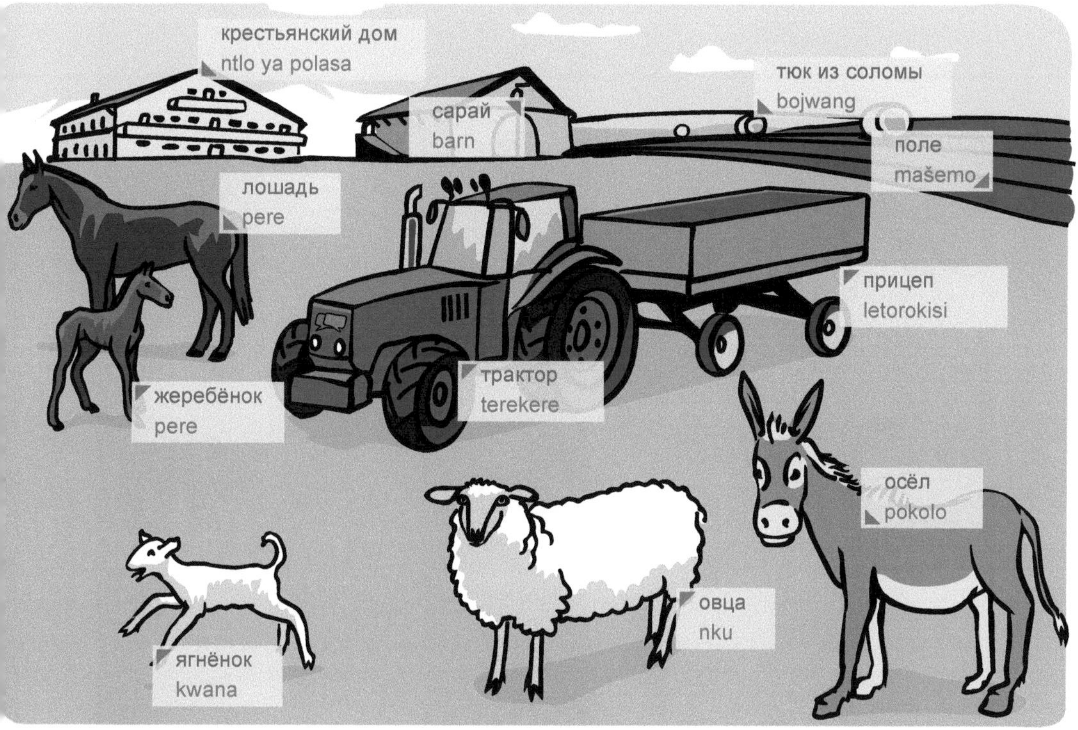
крестьянский дом
ntlo ya polasa
тюк из соломы
bojwang
сарай
barn
поле
mašemo
лошадь
pere
прицеп
letorokisi
трактор
terekere
жеребёнок
pere
осёл
pokolo
овца
nku
ягнёнок
kwana

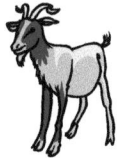

козa
pudi

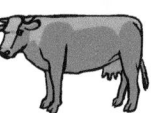

корова
kgomu

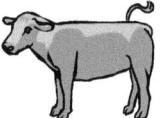

телёнок
namane

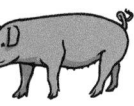

свинья
kolobe

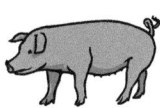

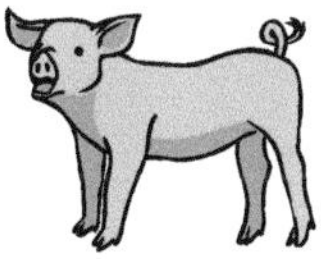

поросёнок
kolobjana

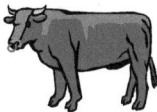

бык
poo

гусь

leganse

утка

leganse

цыплёнок

letswienyane

курица

kgogo

петух

mokoko

крыса

legotlo

кошка

katse

мышь

legotlo

вол

pholo

собака

mpšha

конура

ntlwana ya mpšha

садовый шланг

lethompo la seratswana

лейка

khene ya meetse

коса

peke

плуг

megoma ya terekere

серп

sekele

мотыга

mogoma

навозные вилы

foroko

топор

selepe

тачка

kiribai

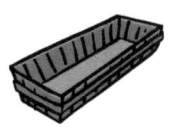

корыто

letangwana la meetsi

бидон для молока

khene ya maswi

мешок

lesaka

забор

fense

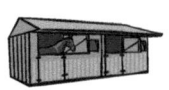

хлев

stable

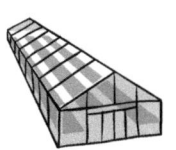

теплица

ntlwana ya galase ya
dihlare

почва

mobu

посев

peu

удобрение

manyora

комбайн

motšhene wa go buna

собирать урожай

buna

урожай

buna

ямс

tse monate

пшеница

korong

соя

soy

картофель

letapola

кукуруза

korong

рапс

rapeseed

фруктовое дерево

mohlare wa dikenywa

маниок

cassava

злаки

disereale

дымоход
tšhemela

крыша
marulelo

водосточный желоб
phaephe ya drain

окно
lefasetere

гараж
karatše

звонок
nakana ya lebati

дверь
lebati

мусорное ведро
pakete ya matlakala

почтовый ящик
lepokisi la maletere

сад
serapana

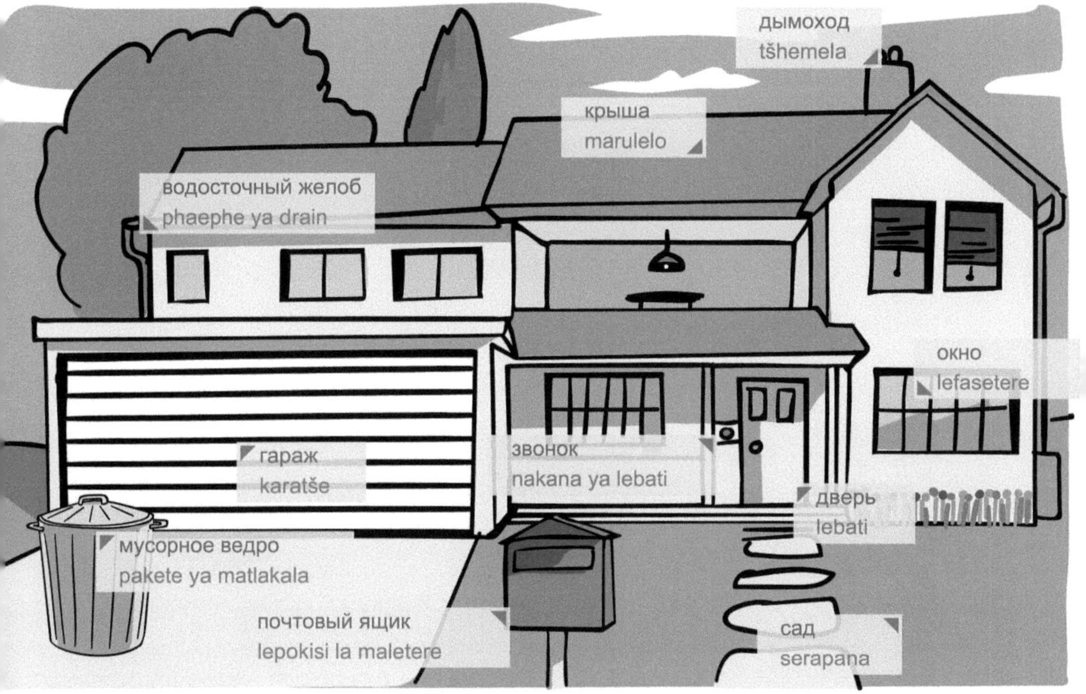

гостиная

phapoši ya go dula

ванная комната

kamora ya go hlapela

кухня

boapeelo

спальня

phapoši ya go robala

детская комната

phapoši ya bana

столовая

lefelo la boiketlo

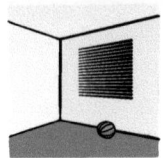

пол

fase

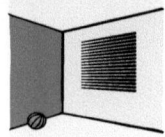

стена

lebota

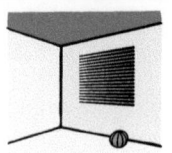

потолок

siling

подвал

cellar

сауна

sauna

балкон

letsikangope

терраса

lelapa

бассейн

letamo la go rutha

газонокосилка

motšhene wa go sega bjang

пододеяльник

lešela la go iphomola

покрывало

lešela la mpeto

кровать

mpeto

метла

leswielo

ведро

pakete

выключатель

pholaka

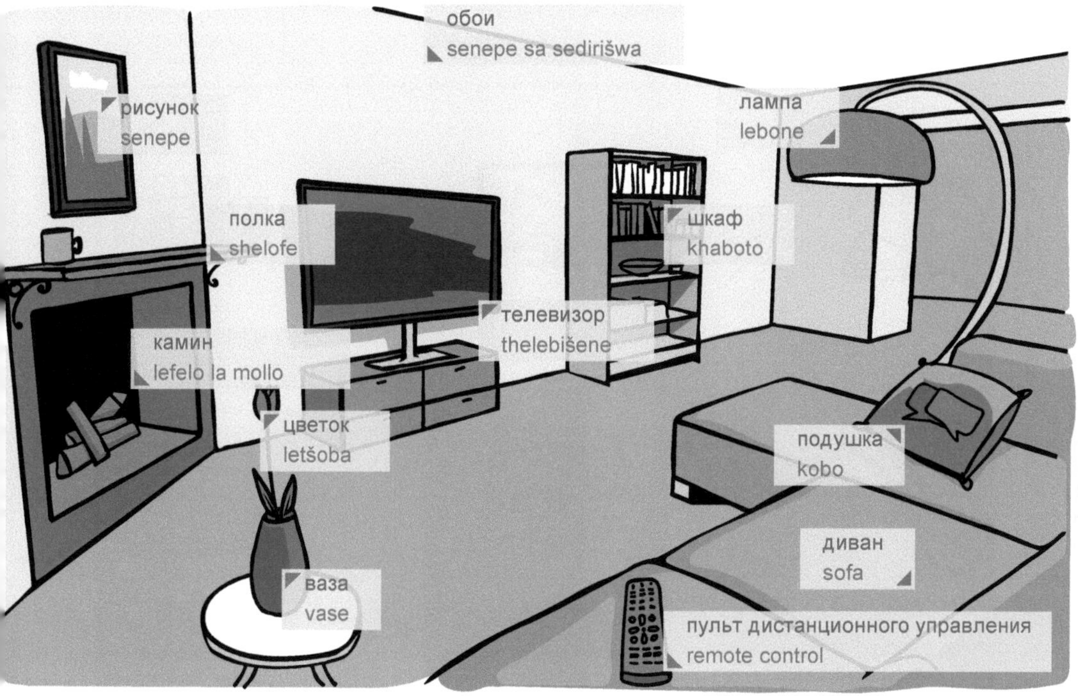

обои
senepe sa sedirišwa

лампа
lebone

рисунок
senepe

полка
shelofe

шкаф
khaboto

камин
lefelo la mollo

телевизор
thelebišene

цветок
letšoba

подушка
kobo

диван
sofa

ваза
vase

пульт дистанционного управления
remote control

ковёр
khaphete

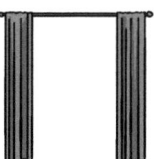

штора
garetene

стол
tafola

стул
setulo

кресло-качалка
rocking chair

кресло
armchair

книга

buka

покрывало

kobo

украшение

bokgabišo

дрова

dikota tša mollo

фильм

filimi

стереосистема

sedirišwa sa hi-fi

ключ

senotlelo

газета

kuranta

картина

go penta

плакат

phouseta

радио

radio

блокнот

pukwana ya go ngwala

пылесос

motšhene wa go hlwekiša

кактус

mohlašana wa cactus

свеча

kerese

кухня
boapeelo

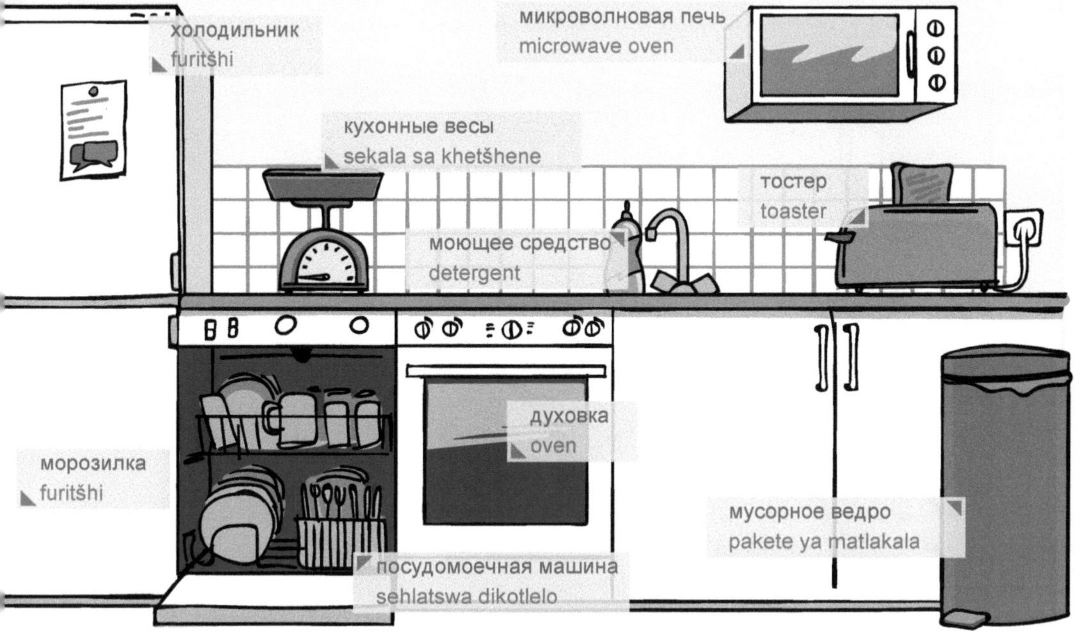
холодильник
furitšhi
микроволновая печь
microwave oven
кухонные весы
sekala sa khetšhene
тостер
toaster
моющее средство
detergent
духовка
oven
морозилка
furitšhi
мусорное ведро
pakete ya matlakala
посудомоечная машина
sehlatswa dikotlelo

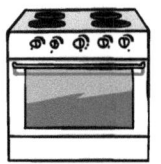

плита

moapei

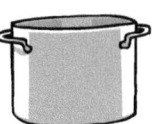

кастрюля

pitša

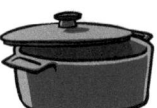

чугунный котелок

cast-iron pot

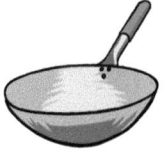

вок / кадай

wok / kadai

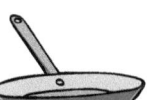

сковорода

pane

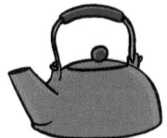

чайник

ketlele

пароварка

steamer

противень

therei ya go paka

посуда

dikotlelo

кружка

komiki

миска

mogoro

палочки для еды

diphathana tša go ja

половник

lelepola la ladle

лопатка

spatula

сбивалка

whisk

сито

strainer

сито

sefo

тёрка

kereitara

ступка

mortar

гриль

barbecue

костёр

thuntšha

доска

boto ya dijo

скалка

rolling pin

штопор

sebula lepotlelo

жестяная банка

khene

консервный нож

sebula khene

прихватка

seswara dipoto

раковина

sinki

щетка

borashe

губка

sepontše

миксер

sehlakanyi

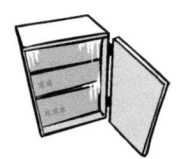

морозильная камера

freezer

бутылочка для кормления

lepotlelo la ngwana

кран

pompi

ванная комната
kamora ya go hlapela

душ
šawara

отопление
borutho

полотенце
toulo

душевая занавеска
garetene ya šawara

пенистая ванна
bubble bath

ванна
bata

стакан
galase

стиральная машина
motšhene wa go hlatswa

плитка
dithaele

кран
pompi

горшок
poto

раковина
sinki

туалет
ntlwana

напольный унитаз
ntlwana ya ho tshorama

биде
bidet

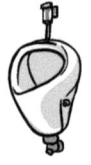

писсуар
moroto

туалетная бумага
pampiri ya ntlwana

ершик
boraše ya ntlwana

зубная щетка

boraše ya ho hlapa meno

зубная паста

sešepi sa meno

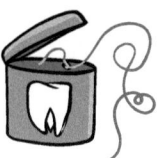

зубная нить

floss ya meno

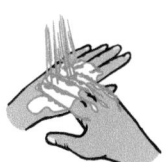

мыть

hlatswa

ручной душ

shawara ya go swarwa ka matsogo

интимный душ

douche

таз

basin

щетка для спины

back brush

мыло

sešepi

гель для душа

sešepi sa ka šawareng

шампунь

shampoo

мочалка

folene

сток

drain

крем

sa go tlola

дезодорант

senkgiša bose

зеркало

seipone

ручное зеркало

sepili se senyenyane

бритва

legare

пена для бритья

shaving foam

лосьон после бритья

aftershave

расческа

kamo

щетка

boraše

фен

derayara ya moriri

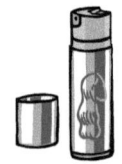
лак для волос

setlola sa moriri

косметика

makeup

губная помада

setlola sa molomo

лак для ногтей

varnish ya manala

вата

wulu

маникюрные ножницы

sekero sa dinala

духи

phefumo

косметичка

pekana ya tša go hlapa

табуретка

setulo

весы

sekala

халат

toulwana ya go hlapa

резиновые перчатки

ditlelafo tša rabara

тампон

tampon

гигиеническая прокладка

toulo ya go phumula
matsogo

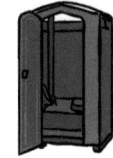

биотуалет

ntlwana ya dikhemikhale

детская комната
phapoši ya bana

будильник
watšhe ya alamo
мягкая игрушка
mpopi
игрушечный автомобиль
koloi ya go bapadiša
погремушка
rattle ya bana
кукольный домик
ntlo ya mepopi
подарок
present

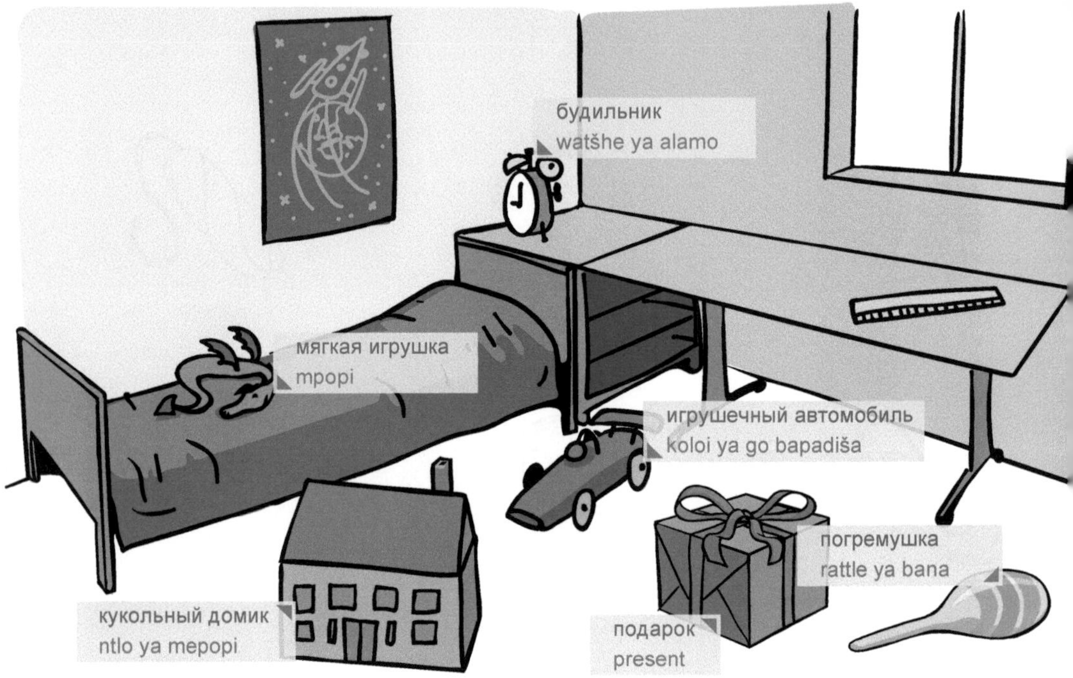

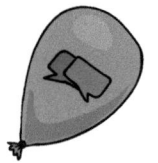

воздушный шар
baluni

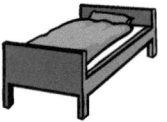

кровать
mpeto

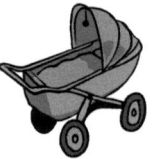

детская коляска
phorema

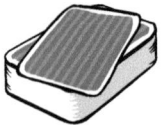

карточная игра
dikarata

пазл
papadi ya jigsaw

SUPER
MEGA
комикс
metlae

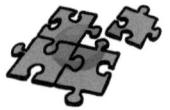

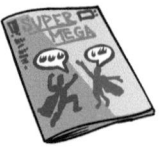

кирпичики Лего

papadi ya lego bricks

кубики

papadi ya building blocks

игрушечная фигурка

action figure

ползунки

go gola ga ngwana

фрисби

papadi ya Frisbee

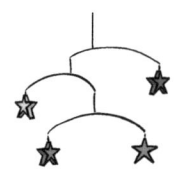

мобиле

mobile

настольная игра

papadi ya boto

кубик

letaese

модель железной дороги

model train set

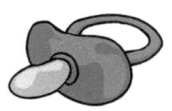

соска

tami

вечеринка

phathi

книга с картинками

puku ya dinepe

мяч

kgwele

кукла

mpopi

играть

bapala

песочница

sandpit

качели

swing

игрушка

tša go bapadiša

игровая приставка

sedirišwa sa dipapadi tša bidio

трёхколесный велосипед

paesekele ya bana

плюшевый медвежонок

teddy bear

шкаф для одежды

oteropo

одежда

diaparo

носки

masokisi

чулки

masokisi

колготки

pentihouso

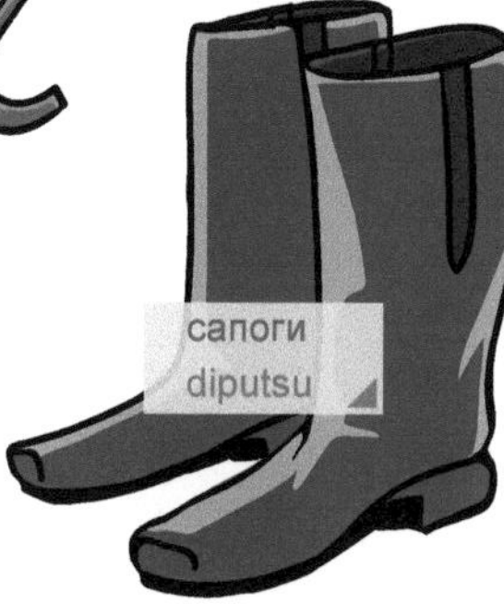

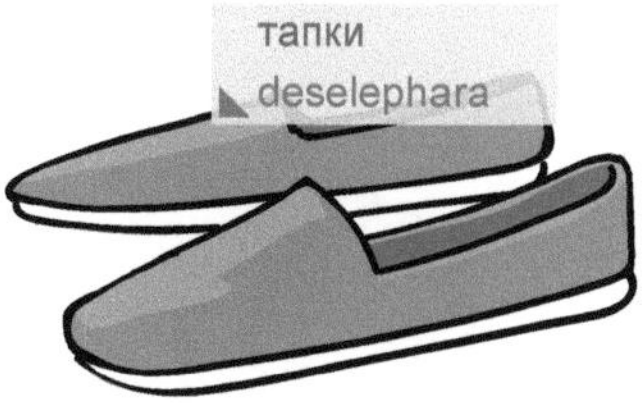

шарф
sekhafo

ремень
lepanta

зонтик
amporela

футболка
sekhipha

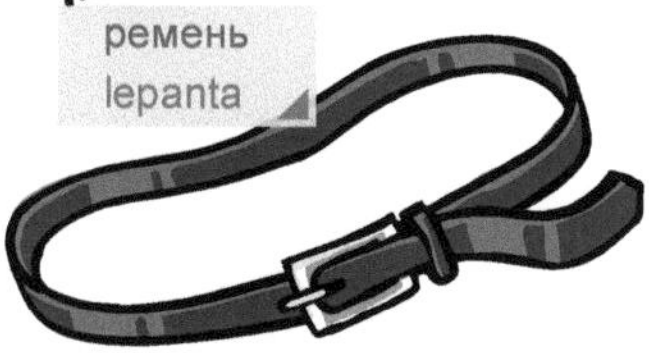

кроссовки
diteki

сапоги
diputsu

тапки
deselephara

сандалии
ramphešane

ботинки
dieta

резиновые сапоги
diputsu tša rabara

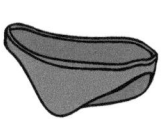

трусы
borokgwana bja ka fase

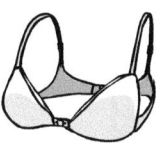

бюстгальтер
seaparo sa bra

майка
besete

боди

mmele

брюки

marokgo

джинсы

pokathe

юбка

sekhethe

блузка

seaparo sa blouse

рубашка

hempe

свитер

jase

свитер

jase

спортивная куртка

seaparo sa blazer

жакет

baki

пальто

jase

плащ

jase ya pula

костюм

khosetumo

платье

roko

свадебное платье

lešira

одежда - diaparo

мужской костюм

sutu

ночная сорочка

seaparo sa go robala

пижама

dipejama

сари

sari

платок

sekafo

тюрбан

turban

паранджа

seaparo sa burqa

кафтан

roko ya kaftan

абайя

abaya

купальник

seaparo sa go rutha

плавки

diteranka

шорты

marukgwana a manyenyane

спортивный костюм

terekesutu

фартук

apron

перчатки

ditlelafo

пуговица

konope

очки

digalase

браслет

boreiselete

цепочка

nekeleise

кольцо

palamonwana

серьга

lengena

шапка

kepisi

вешалка

hengere ya jase

шляпа

kefa

галстук

thai

застежка молния

zip

шлем

helmete

подтяжки

braces

школьная форма

diaparo tša sekolo

форма

unifomo

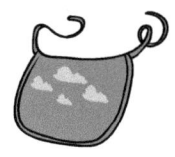

детский нагрудник

seaparo sa bib

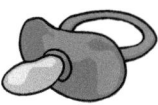

соска

tami

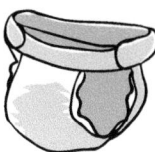

подгузник

mongato

офис

ofisi

сервер
sebara
канцелярский шкаф
lekase la difaele
принтер
phrinthara
бумага
letlakala
монитор
monitharaw
письменный стол
tafola
мышь
mouse
папка
foldara
клавиатура
keybhoto
зина для бумаг
ekete ya matlakala a ditšhila
стул
setulo
компьютер
khomphutha

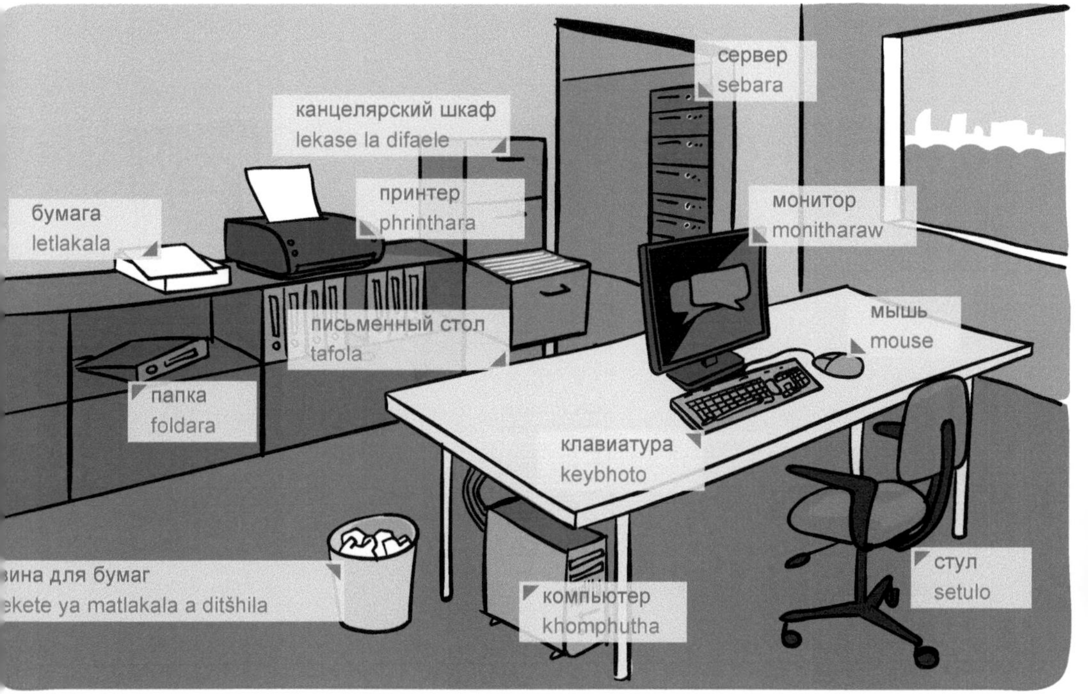

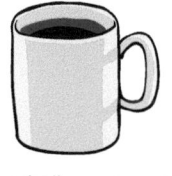

кофейная кружка

komiki ya kofi

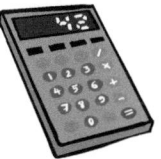

калькулятор

khalekhuleitha

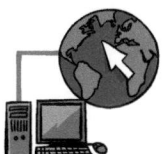

интернет

inthanete

ноутбук

laptop

письмо

lengwalo

сообщение

molaetša

мобильный телефон

mogalathekeng

сеть

netweke

ксерокс

motšhene wa go
photokhopa

программа

software

телефон

mogala

розетка

pholaka ya sokete

факс

motšhine wa go fekesa

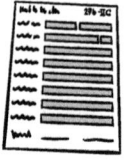

формуляр

fomo

документ

dipampiri

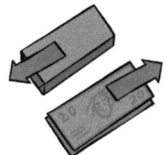

покупать

reka

платить

lefa

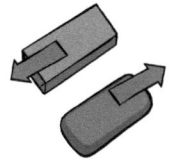

торговать

rekiša

деньги

tšhelete

доллар

dollar

евро

euro

иена

yen

рубль

rouble

франк

Swiss franc

жэньминьби юань

renminbi yuan

рупия

rupee

банкомат

lefelo la go ntšha tšhelete

пункт обмена валюты

lefelo la go fetola tšhelete

золото

gauta

серебро

silifera

нефть

oil

энергия

matla

цена

poraese

договор

konteraka

налог

motšhelo

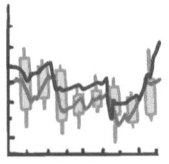

акция

setokho

работать

mošomo

служащий

mošomi

работодатель

mothwadi

фабрика

feketori

магазин

lebenkele la dijo

профессии
bodulo

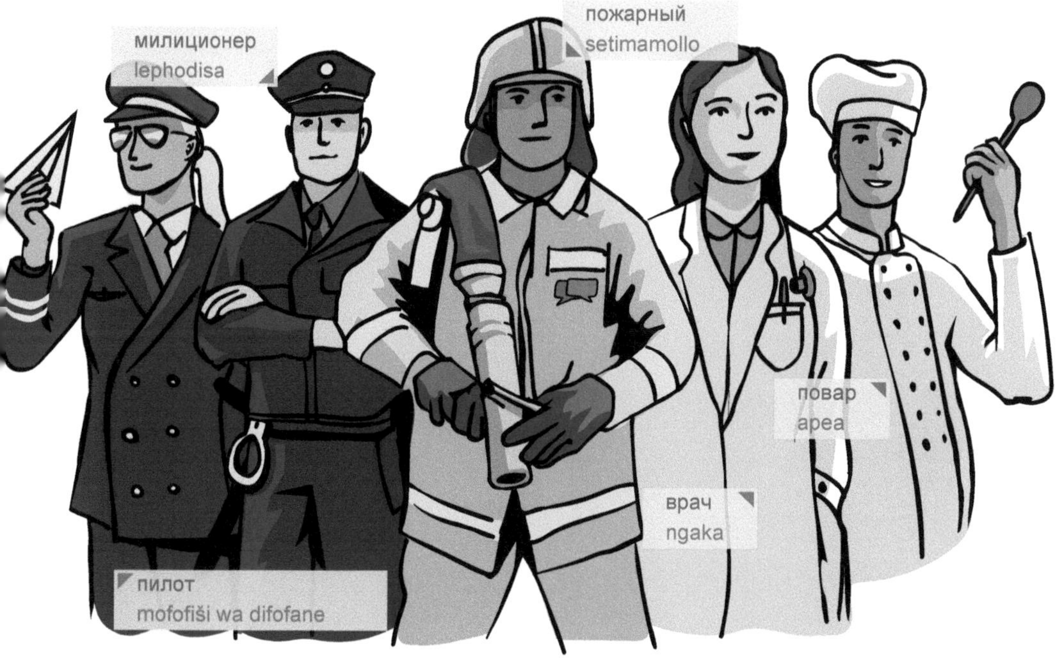
милиционер
lephodisa
пожарный
setimamollo
повар
apea
врач
ngaka
пилот
mofofiši wa difofane

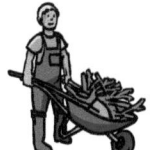

садовник

mohlokomedi wa dirapana

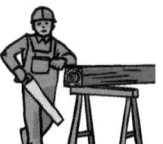

столяр

mmetli

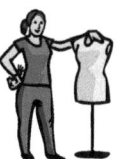

швея

moroki

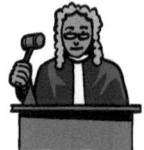

судья

moahlodi

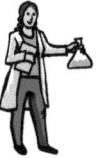

химик

khemise

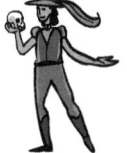

актёр

mmapadi

водитель автобуса

mootledi wa pase

таксист

mootledi wa thekisi

рыбак

moswara dihlapi

уборщица

mosadi wa go hlwekiša

кровельщик

molokiša marulelo

официант

weithara

охотник

motsomi

художник

motho wa go penta

пекарь

mopaki

электрик

electrician

строитель

moagi

инженер

moenjeneare

мясник

selaga

сантехник

polambara

почтальон

mosepediši wa poso

солдат

mohlabani

архитектор

mothadi wa dintlo

кассир

morekiši

флорист

molemi wa matšoba

парикмахер

mologi wa moriri

кондуктор

molaodi

механик

mekhenikhe

капитан

mokapotene

зубной врач

ngaka ya meno

ученый

rathutamahlale

раввин

moruti

имам

moetapele wa dithapelo

монах

monk

священник

moruti

инструменты
didirišwa

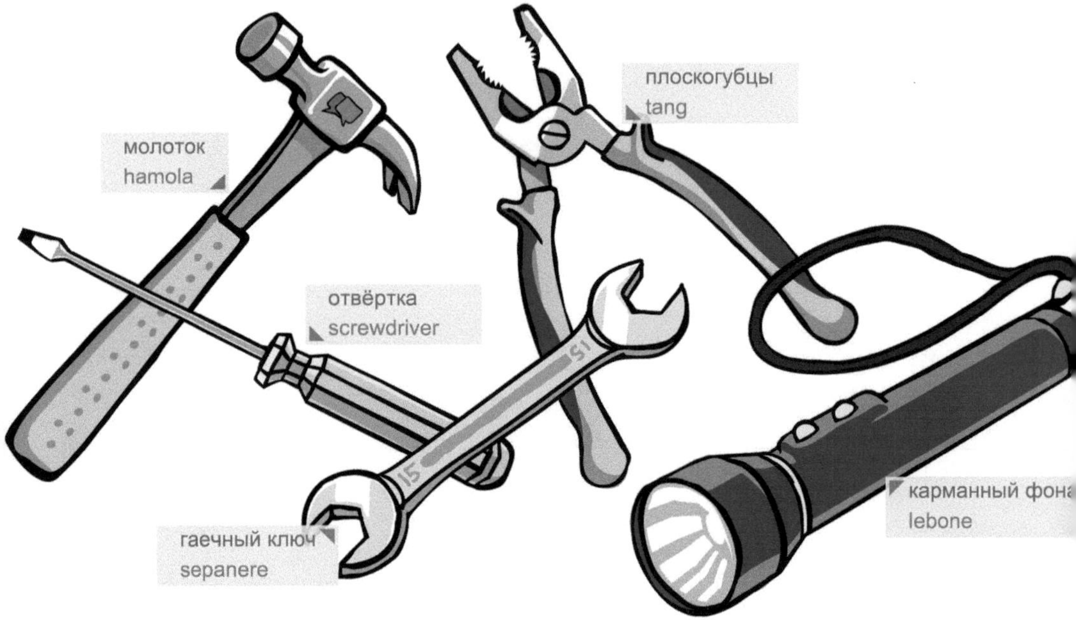
молоток
hamola
плоскогубцы
tang
отвёртка
screwdriver
гаечный ключ
sepanere
карманный фона
lebone

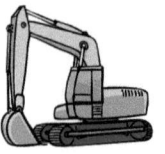

экскаватор

seepi

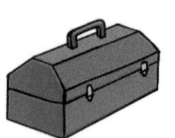

ящик для инструментов

lepokisi la dithulusi

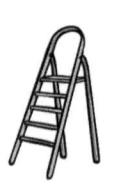

стремянка

llere

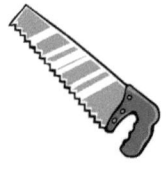

пила

saga

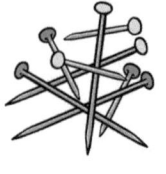

гвозди

dipikiri

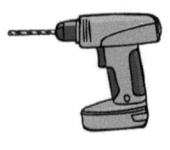

дрель

sebori

ремонтировать

lokiša

лопата

garafo

Блин!

ijoo!

совок

seolela matlakala

ведро с краской

pitša ya pente

винты

sekurufu

музыкальные инструменты
didirišwa tša mmino

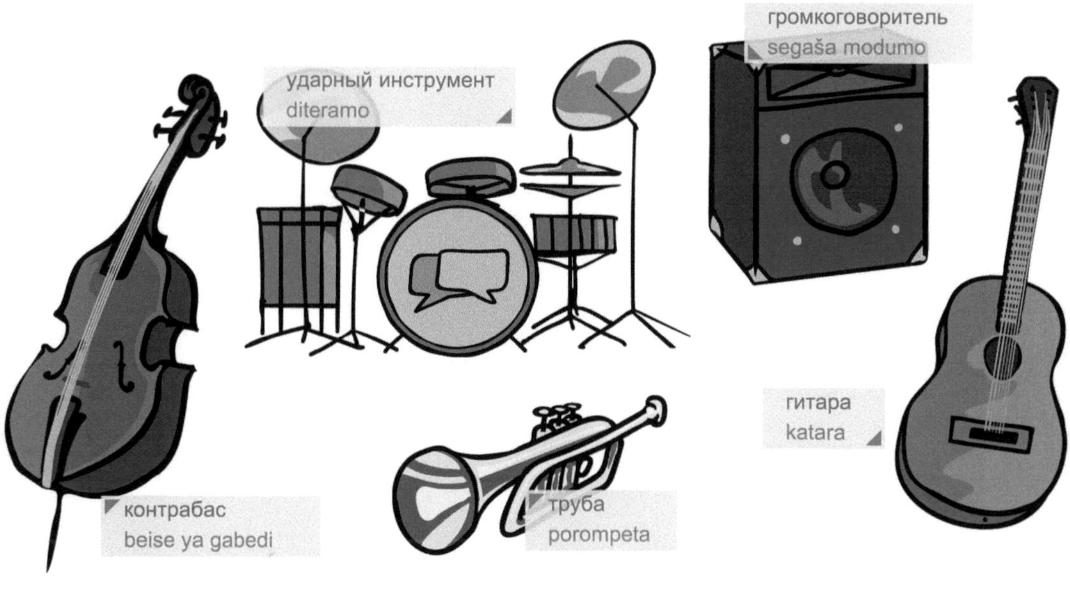

громкоговоритель
segaša modumo

ударный инструмент
diteramo

гитара
katara

контрабас
beise ya gabedi

труба
porompeta

пианино

piano

скрипка

violin

бас-гитара

beise

литавры

timpani

барабан

diteramo

синтезатор

keybhoto

саксофон

saxophone

флейта

phala

микрофон

mmaekrofouno

зоопарк

zuu

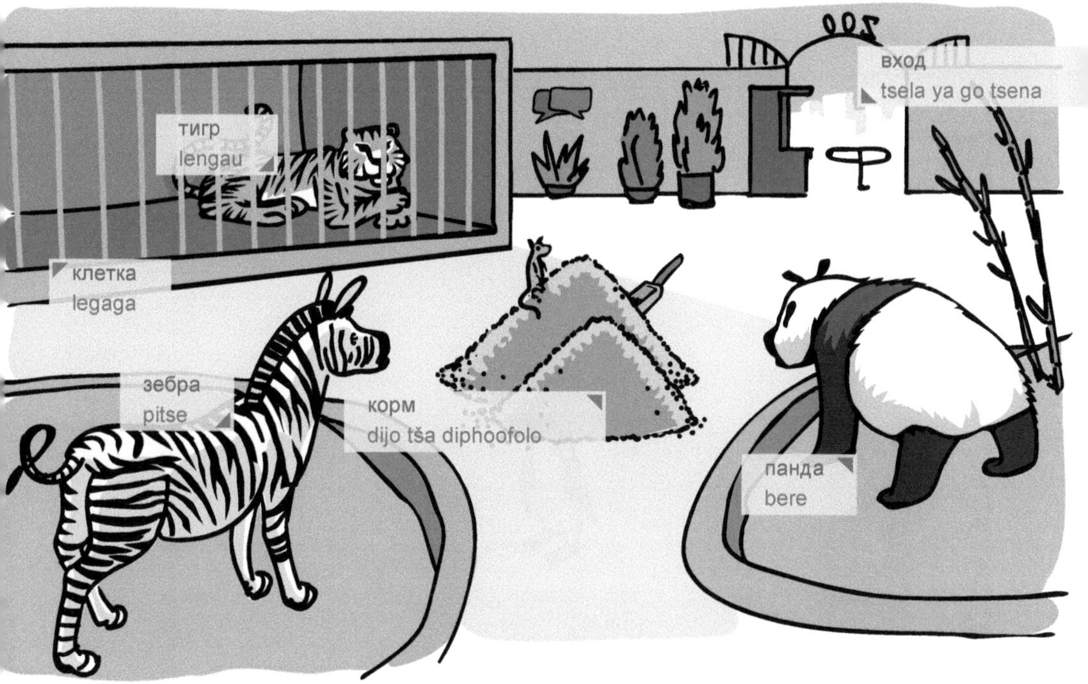

вход
tsela ya go tsena
тигр
lengau
клетка
legaga
зебра
pitse
корм
dijo tša diphoofolo
панда
bere

животные

diphoofolo

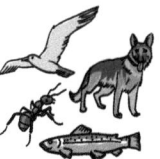

слон

tlou

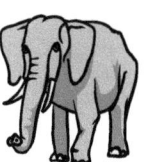

кенгуру

kangaroo

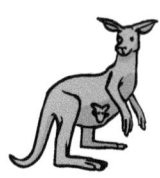

носорог

tšhukudu

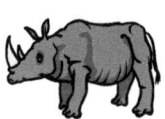

горилла

gorilla

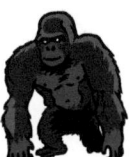

медведь

bere

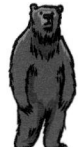

верблюд

kamela

страус

mpšhe

лев

tau

обезьяна

tšhwene

фламинго

nonyana ya flamingo

попугай

nonyana ya parrot

белый медведь

bere ya polar

пингвин

penguin

акула

shark

павлин

phikoko

змея

noga

крокодил

kwena

служитель зоопарка

mohlokomedi wa di zoo

тюлень

sili

ягуар

jaquar

пони

pokolo

леопард

lepogo

бегемот

hippo

жираф

thutlwa

орёл

lenong

кабан

kolobe ya naga

рыба

hlaphi

черепаха

khudu

морж

walrus

лиса

phiri

газель

phuthi

американский футбол
kgwele ya Amerika

езда на велосипеде
go reila paesekela

теннис
thenese

баскетбол
basketball

плавание
go rutha

хоккей
hockey ya lehlweng

бокс
ntwa ya matswele

футбол

kgwele ya maoto

бадминтон

badminton

лёгкая атлетика

bakitimi

гандбол

polo ya matsogo

лыжный спорт

skiing

поло

polo

действия

mediro

смеяться
sega
прыгать
taboga
обнимать
gokara
идти
sepela
петь
opela
мечтать
lora
молиться
rapela
целовать
atla

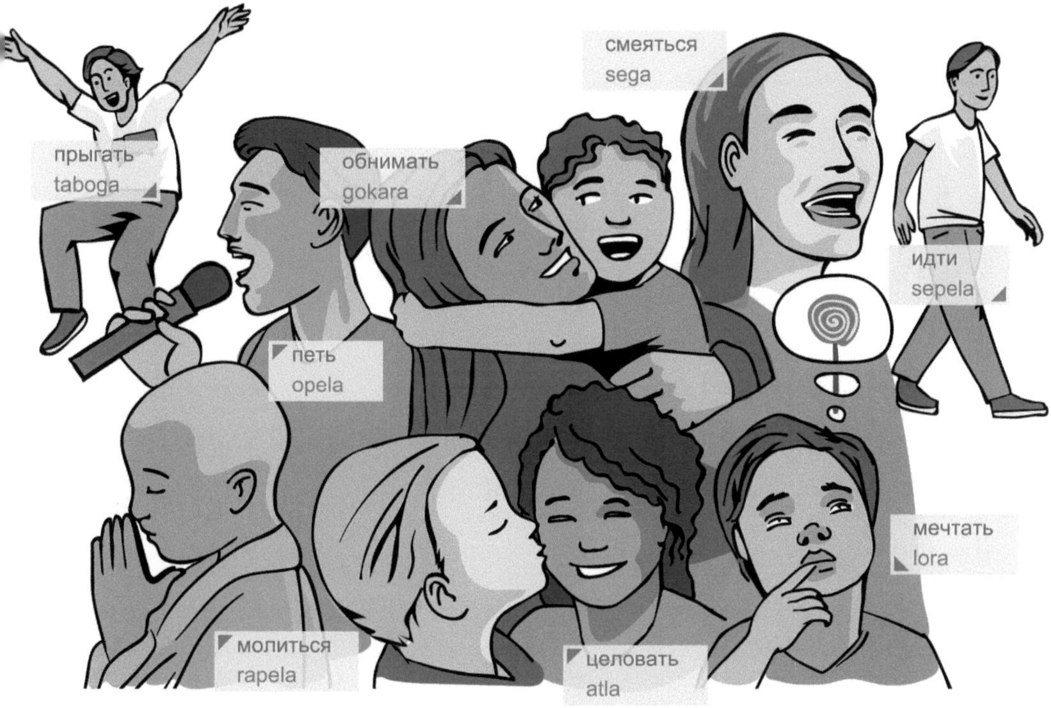

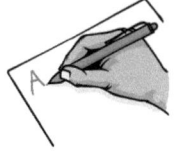

писать

ngwala

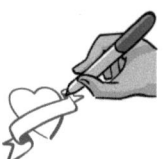

рисовать

thala

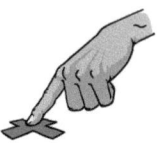

показывать

bontšha

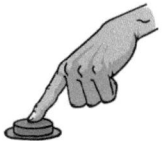

нажимать

kgorometša

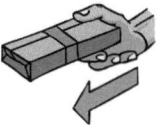

давать

efa

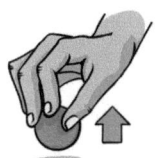

брать

tšea

иметь

e ba le

делать

dira

быть

eba

стоять

ema

бежать

kitima

тянуть

goga

бросать

lahlela

падать

e wa

лежать

maaka

ждать

emanyana

носить

rwala

сидеть

dula

надевать

go apara

спать

robala

просыпаться

tsoga

рассматривать

lebelela

плакать

lla

гладить

seterouko

причесывать

kamo

говорить

bolela

понимать

kwešiša

спрашивать

botšiša

слушать

theetša

пить

e nwa

кушать

eja

наводить порядок

hlwekiša

любить

lerato

готовить

apea

ехать

otlela

летать

fofa

ходить под парусом

sesa

считать

khalekhuleitha

читать

bala

учиться

ithute

работать

mošomo

вступать в брак

nyala

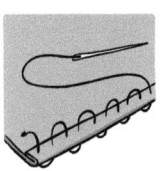

шить

roka

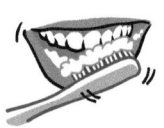

чистить зубы

hlapa meno

убивать

bolaya

курить

kgoga

отправлять

romela

бабушка
makgolo

дедушка
rakgolo

папа
tate

мама
mma

младенец
ngwana

дочь
morwedi

сын
morwa

гость

moeng

тетя

rakgadi

дядя

malome

брат

abuti

сестра

sesi

тело

mmele

лоб
phatla
глаз
leihlo
плечо
magetla
палец
monwana
лицо
sefahlego
подбородок
seledu
кисть
seatla
грудь
letswele
нога
leoto
рука
letsogo

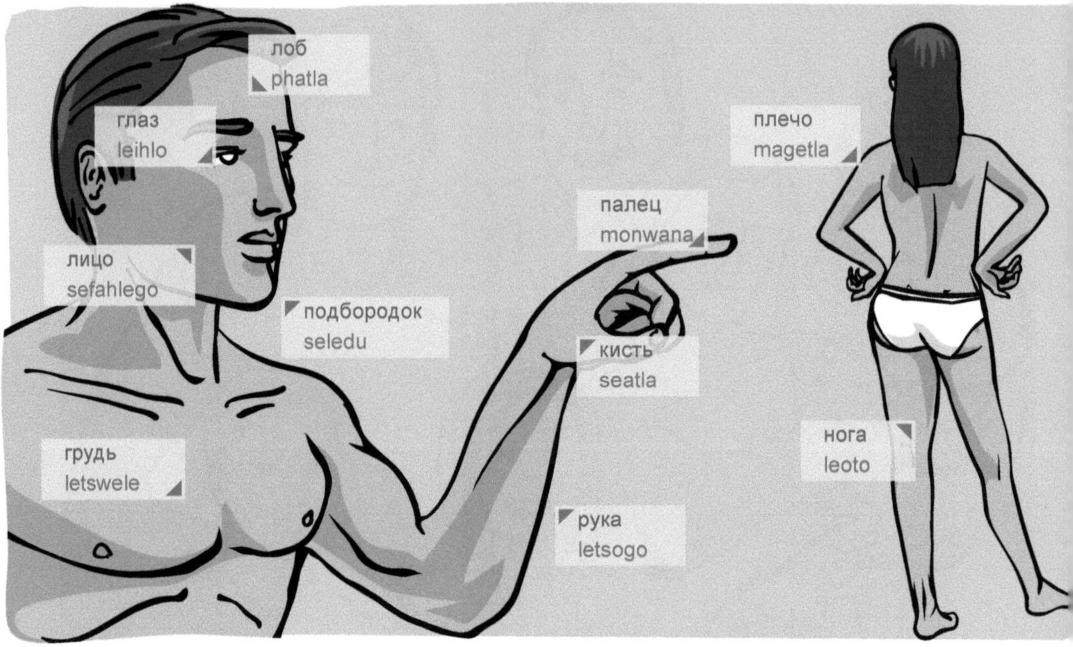

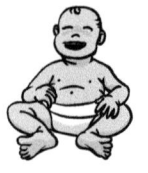

младенец

ngwana

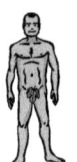

мужчина

monna

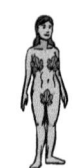

женщина

mosadi

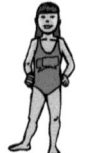

девочка

kgarebe

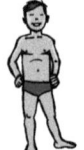

мальчик

mošemane

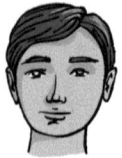

голова

hlogo

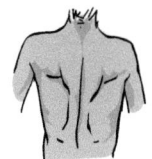

спина

morago

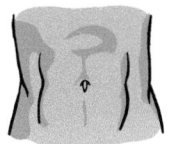

живот

mokhaba

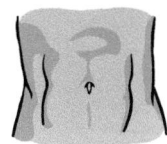

пупок

mokhubu

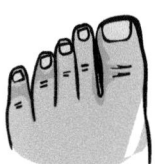

палец ноги

monwana

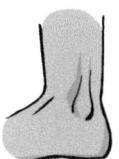

пятка

tlhako

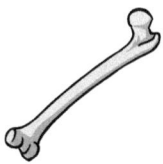

кость

lerapo

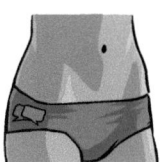

бедро

matheka

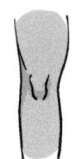

колено

leoto

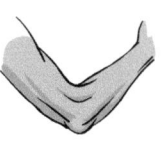

локоть

khuru

нос

nko

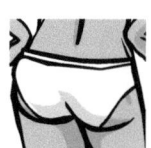

ягодицы

tlase

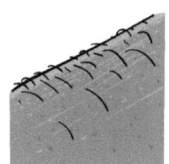

кожа

letlalo

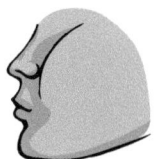

щека

lerama

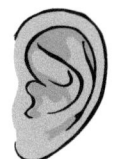

ухо

tsebe

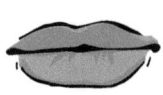

губа

molomo

рот

molomo

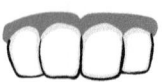

зуб

leino

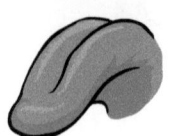

язык

Leleme

мозг

bjoko

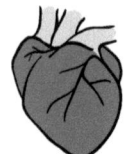

сердце

pelo

мышца

segoba

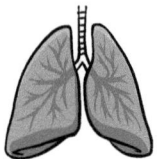

лёгкое

maswafo

печень

sebete

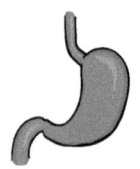

желудок

mala

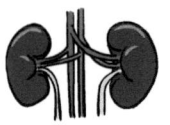

почки

diphsio

половой акт

thobalano

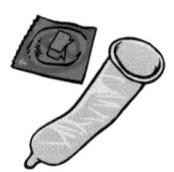

презерватив

condom

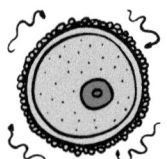

яйцеклетка

Ovum

сперма

matshedi

беременность

go ima

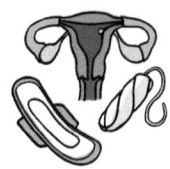

менструация

go bona kgwedi

вагина

setho sa bosadi

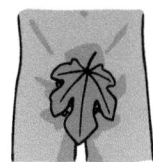

пенис

setho sa bonna

бровь

dintši

волосы

moriri

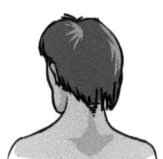

шея

molala

больница
sepetlele

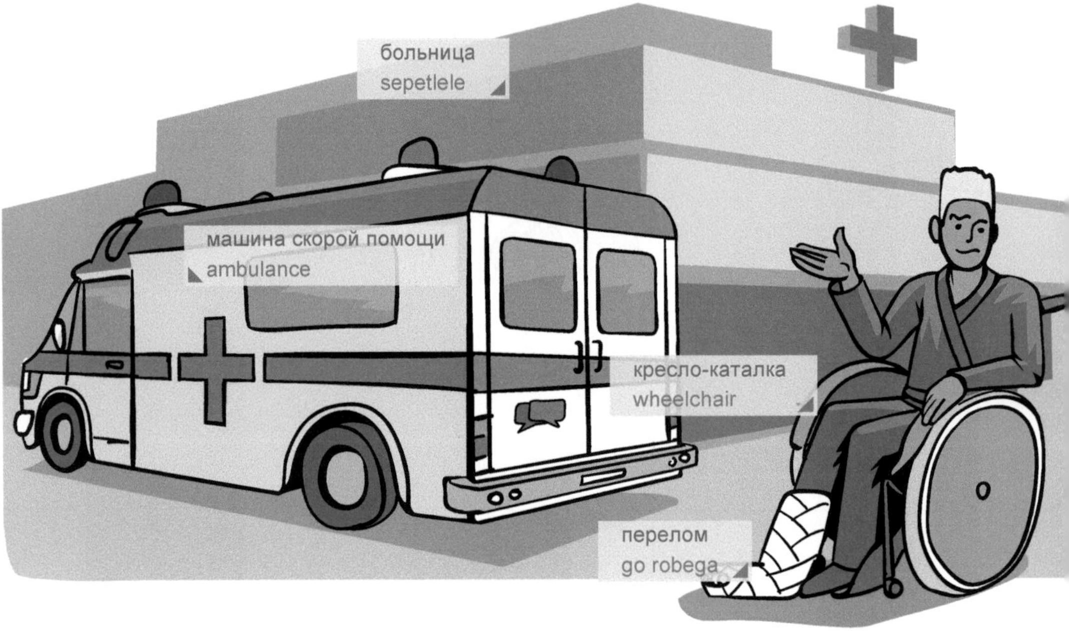

больница
sepetlele
машина скорой помощи
ambulance
кресло-каталка
wheelchair
перелом
go robega

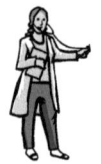

врач

ngaka

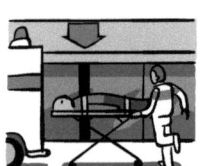

пункт первой помощи

phapoši ya tša tšhoganetšo

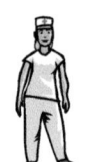

медсестра

mooki

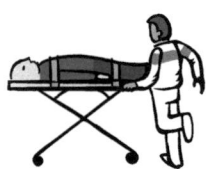

неотложный случай

tšhoganetšo

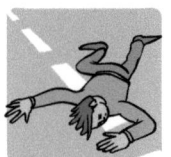

без сознания

go idibala

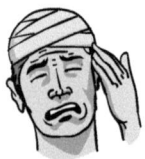

боль

bohloko

повреждение

go gobala

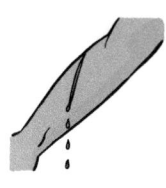

кровотечение

go tšwa madi

инфаркт

bolwetši bja pelo

инсульт

setorouko

аллергия

ge mmele o ganana le dijo

кашель

go gohlola

повышенная температура

go gohlola

грипп

sehuba

понос

letšhollo

головная боль

go opa ke hlogo

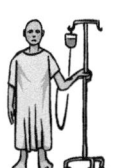

рак

kankere

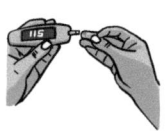

диабет

swikiri

хирург

mmui

скальпель

thipa ya scalpel

операция

go bulwa

КТ

CT

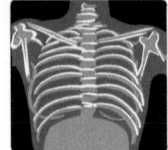

рентген

x-ray

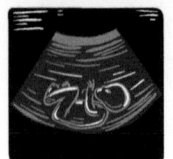

ультразвук

ultrasound

маска

sethiba sefahlego

болезнь

bolwetši

приёмная

phapoši ya go leta

костыль

lehlotlo

пластырь

sedirišwa sa plaster

бинт

lešela la ntho

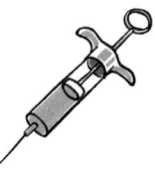

укол

nalete

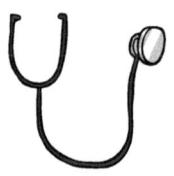

стетоскоп

sthehosekoupo

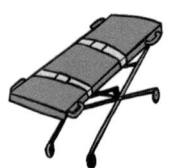

носилки

seteretšhara

термометр

themoketha ya kgathelelo

рождение

go belebga

избыточный вес

mmele o mogolo

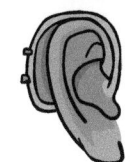

слуховой аппарат

sethuša ditsebe

дезинфекционное
средство
disinfectant

инфекция

twatši

вирус

baerase

ВИЧ / СПИД

HIV / AIDS

лекарство

dihlare

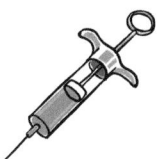

прививка

tlhabelo ya go thibela
malwetši

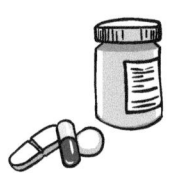

таблетки

dipilisi

противозачаточная
таблетка

pilisi

экстренный вызов

mogala wa tšhoganetšo

прибор для измерения
кровяного давления

sehlahlobi sa pelo

больной / здоровый

go babja / phetše gabotse

Помогите!

Thušo!

сигнал тревоги

alamo

нападение

go tšhošetšwa

атака

tlhaselo

опасность

kotsi

запасной выход

go tšwa ka tšhoganetšo

Пожар!

Mollo!

огнетушитель

setimamollo

несчастный случай

kotsi

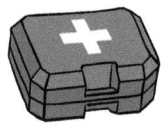

аптечка

first-aid kit

SOS

SOS

милиция

maphodisa

Европа

Yuropa

Северная Америка

Amerika Bodikela

Южная Америка

Amerika Borwa

Африка

Afrika

Азия

Asia

Австралия

Australia

Атлантический океан

Atlantic

Тихий океан

Pacific

Индийский океан

Lewatle la India

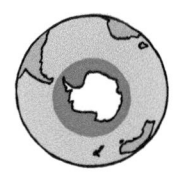

Антарктический океан

Lewatle la Antarctic

Северный Ледовитый
океан

Lewatle la Arctic

Северный полюс

North Pole

Южный полюс

South Pole

Антарктика

Antarctica

земля

Lefase

суша

naga

море

noka

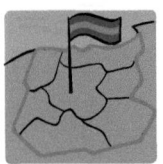

остров

island

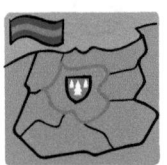

нация

naga

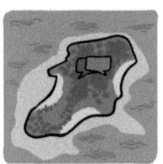

государство

state

циферблат

sešupanako sa dinomoro

часовая стрелка

diiri tša sešupanako

минутная стрелка

metsotso ya sešupanako

секундная стрелка

metsotswana ya
sešupanako

Который час?

Ke nako mang?

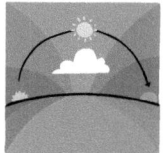

день

letšatši

время

nako

сейчас

gona bjale

электронные часы

sešupanako sa dinomoro

минута

metsotso

час

iri

beke

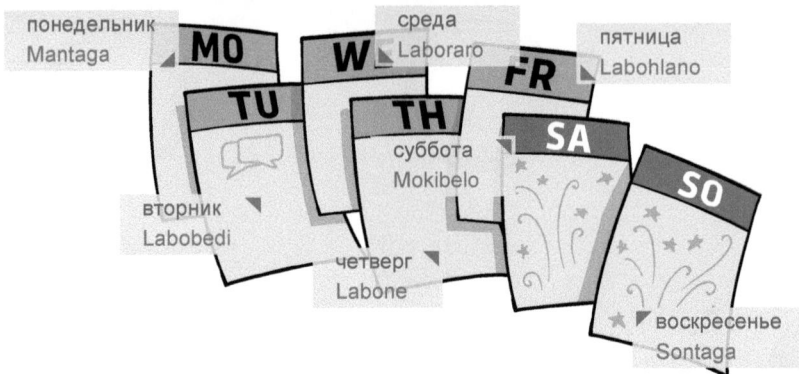

понедельник
Mantaga

среда
Laboraro

пятница
Labohlano

MO

W

FR

TU

TH

SA

SO

суббота
Mokibelo

вторник
Labobedi

четверг
Labone

воскресенье
Sontaga

вчера

maobane

сегодня

lehono

завтра

ka moswana

утро

mesong

полдень

Thapama

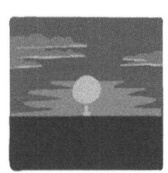

вечер

mantšiboa

MO	TU	WE	TH	FR	SA	SU
1	2	3	4	5	6	7
8	9	10	11	12	13	14
15	16	17	18	19	20	21
22	23	24	25	26	27	28
29	30	31	1	2	3	4

рабочие дни

matšatši a kgwebo

MO	TU	WE	TH	FR	SA	SU
1	2	3	4	5	6	7
8	9	10	11	12	13	14
15	16	17	18	19	20	21
22	23	24	25	26	27	28
29	30	31	1	2	3	4

выходные

mafelobeke

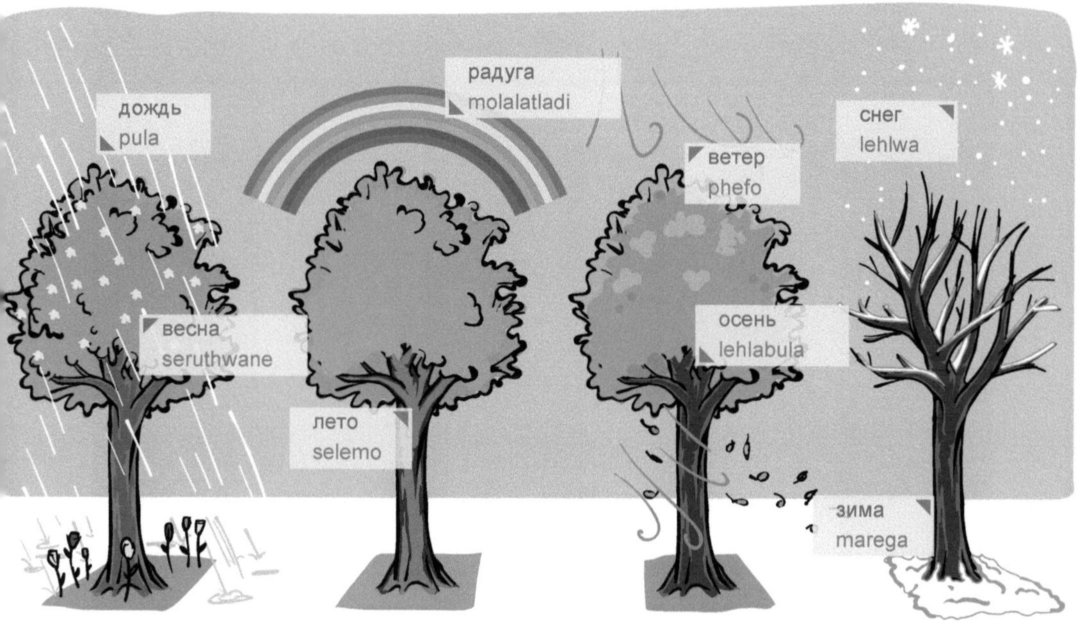

дождь
pula
радуга
molalatladi
снег
lehlwa
ветер
phefo
весна
seruthwane
осень
lehlabula
лето
selemo
зима
marega

4.APRIL 11°
5.APRIL 4°
6.APRIL 13°
7.APRIL 8°
8.APRIL 10°

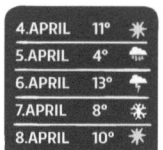

прогноз погоды

tsebišo ya leratadima

F C

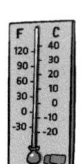

термометр

thermometer

солнечный свет

mahlasedi a letšatši

туча

maru

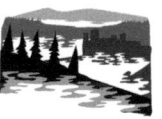

туман

kgudi

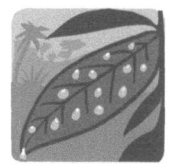

влажность воздуха

go koloba

молния

legadima

гром

legadima

буря

ledimo

град

sefako

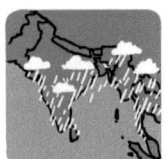

муссон

ledimo

наводнение

lefula

лёд

lehlwa

январь

January

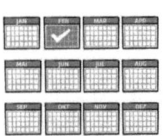

февраль

February

март

March

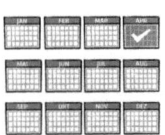

апрель

April

май

May

июнь

June

июль

July

август

August

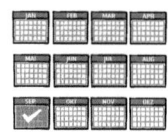

сентябрь

September

октябрь

October

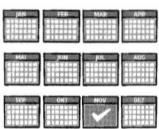

ноябрь

November

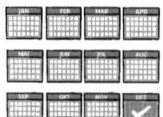

декабрь

December

формы

dibopego

круг

nthokolo

квадрат

sekwere

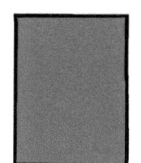

прямоугольник

rectangle

треугольник

theraekele

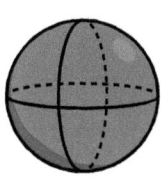

шар

nthokolo

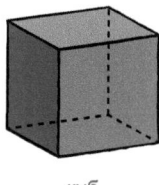

куб

cube

белый

tshweu

желтый

kheri

оранжевый

namone

розовый

pinki

красный

khubedu

лиловый

phepholo

синий

pududu

зелёный

tala

коричневый

tshehla

серый

kerei

черный

bontsho

много / мало

tše dintši / tše dinyenyane

яростный / мирный

befetšwe / theotše maswafo

красивый / уродливый

botse / befile

начало / конец

mathomo / mafelelo

большой / маленький

kgolo / nyenyane

светлый / темный

seetša / leswiswi

брат / сестра

abuti / sesi

чистый / грязный

hlwekile / ditšhila

полный / неполный

feletše / ga se e felele

день / ночь

mosegare / bošego

мёртвый / живой

hwile / o sa phela

широкий / узкий

go bulega / go tswalelega

съедобный / несъедобный

e a jega / ga e jege

злой / дружелюбный

bobe / go loka

взволнованный / скучающий

mahlahlo / go tšwafa

толстый / худой

bokoto / bosese

сначала / в конце

mathomo / mafelelo

друг / враг

mogwera / lenaba

полный / пустой

e tletše / ga e na selo

твёрдый / мягкий

tiile / e bonolo

тяжёлый / легкий

ya roba / e bobebo

голод / жажда

tlala / mokhoro

больной / здоровый

go babja / phetše gabotse

незаконный / законный

ga e molaong / e molaong

умный / глупый

bohlale / lešilo

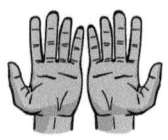

слева / справа

le letshadi / le letona

близко / далеко

kgaufsi / kgole

новый / подержанный

mapsha / e dirišitšwe

ничто / нечто

selo / se sengwe

старый / молодой

motšofadi / mofsa

включено / выключено

laeta / tima

открыто / закрыто

bula / tswalela

тихо / громко

homola / rasa

богатый / бедный

go huma / go diila

правильный /
неправильный

e lokilego / e sa lokago

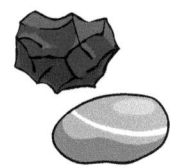

шероховатый / гладкий

makgwakgwa / go thelela

печальный / счастливый

go nyama / go thaba

короткий / длинный

mokopana / motelele

медленный / быстрый

go nanya / go kitima

мокрый / сухой

go koloba / go oma

тёплый / прохладный

borutho / go tonya

война / мир

ntwa / khutšo

0

ноль

nnoto

1

один

tee

2

два

pedi

3

три

tharo

4

четыре

nne

5

пять

tlhano

6

шесть

tshela

7

семь

šupa

8

восемь

seswai

9

девять

senyane

10

десять

lesome

11

одиннадцать

lesome tee

12
двенадцать

lesome pedi

13
тринадцать

lesome tharo

14
четырнадцать

lesome nne

15
пятнадцать

lesome tlhano

16
шестнадцать

lesome tshela

17
семнадцать

lesome šupa

18
восемнадцать

lesome seswai

19
девятнадцать

lesome senyane

20
двадцать

masomepedi

100
сто

lekgolo

1.000
тысяча

sekete

1.000.000
миллион

milione

английский

Seisemane

американский английский

Seisemane sa Amerika

мандаринский китайский

Sechina sa Mandarin

хинди

Sehindi

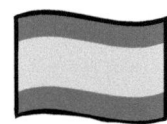

испанский

Spanish

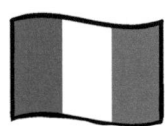

французский

Sefora

арабский

Searabic

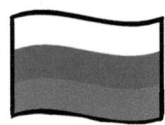

русский

Serašia

португальский

Sepotokisi

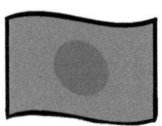

бенгальский

Sebengali

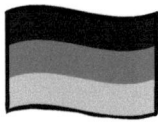

немецкий

Sejeremane

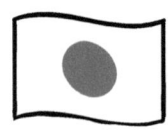

японский

Sefapane

я

Nna

ты

wena

он / она / оно

yena / yona

мы

rena

вы

wena

они

bona

кто?

bomang?

что?

eng?

как?

bjang?

где?

mo kae?

когда?

neng?

имя

leina

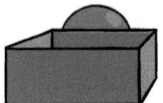

за
....
ka morago

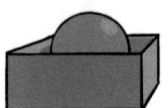

в
....
go

перед
....
kgaufsi le

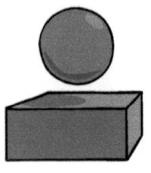

над
....
godimo ga

на
....
go

под
....
ka tlase ga

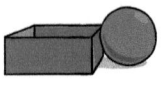

рядом
....
ka lehlakoreng la

между
....
magareng ga

место
....
lefelo